Édition originale : **OQO éditions**

Alemaña 72	36162 Pontevedra, Espagne
T +34 986 109 270	F +34 986 109 356
editions@OQO.es	www.OQO.es
Conception artistique	Oqomania
Impression	Tilgráfica
Première édition	septembre 2011
ISBN	978-84-9871-270-4
Dépôt Légal	PO 358-2011

AS-TU VU LE LION ?

texte d'**Armando Quintero**

illustrations de **Géraldine Alibeu**

OQO éditions

– As-tu vu le lion ?
demanda la grenouille.
Je lui apporte une lettre
qui sent bon l'herbe
et les fleurs fraîchement cueillies.

– Hier, il est passé par ici, dit le singe.
Il voulait savoir si depuis les arbres
on pouvait sauter sur la Lune.
Je lui ai raconté que l'on essayait toutes les nuits de pleine lune,
depuis qu'un lièvre y était parvenu il y a longtemps.
Je lui ai aussi dit que les lièvres en savaient peut-être plus
et qu'il devait courir pour s'entraîner.

– As-tu vu le lion ?
demanda la grenouille.
Je lui apporte une lettre
qui sent bon l'herbe
et les fleurs fraîchement cueillies.

– Il est passé en courant devant mon terrier !
dit le lièvre.
Et je me suis caché avec mes petits,
de peur qu'il veuille nous manger.

– Et connais-tu le lièvre qui est sur la Lune ?

– Mais c'est une légende !
Il n'y a pas de lièvre sur la Lune,
il y a seulement un lapin qui nous ressemble.

– **As-tu vu le lion ?**
demanda la grenouille.
Je lui apporte une lettre
qui sent bon l'herbe
et les fleurs fraîchement cueillies.

– **Il est passé par ici tout à l'heure !**
dit le zèbre, encore effrayé.
Il m'a demandé si, du haut de la montagne,
il pourrait monter sur la Lune.
Je lui ai dit qu'il pouvait essayer.
Il nous a donné quelques feuilles tendres
et a continué à courir.

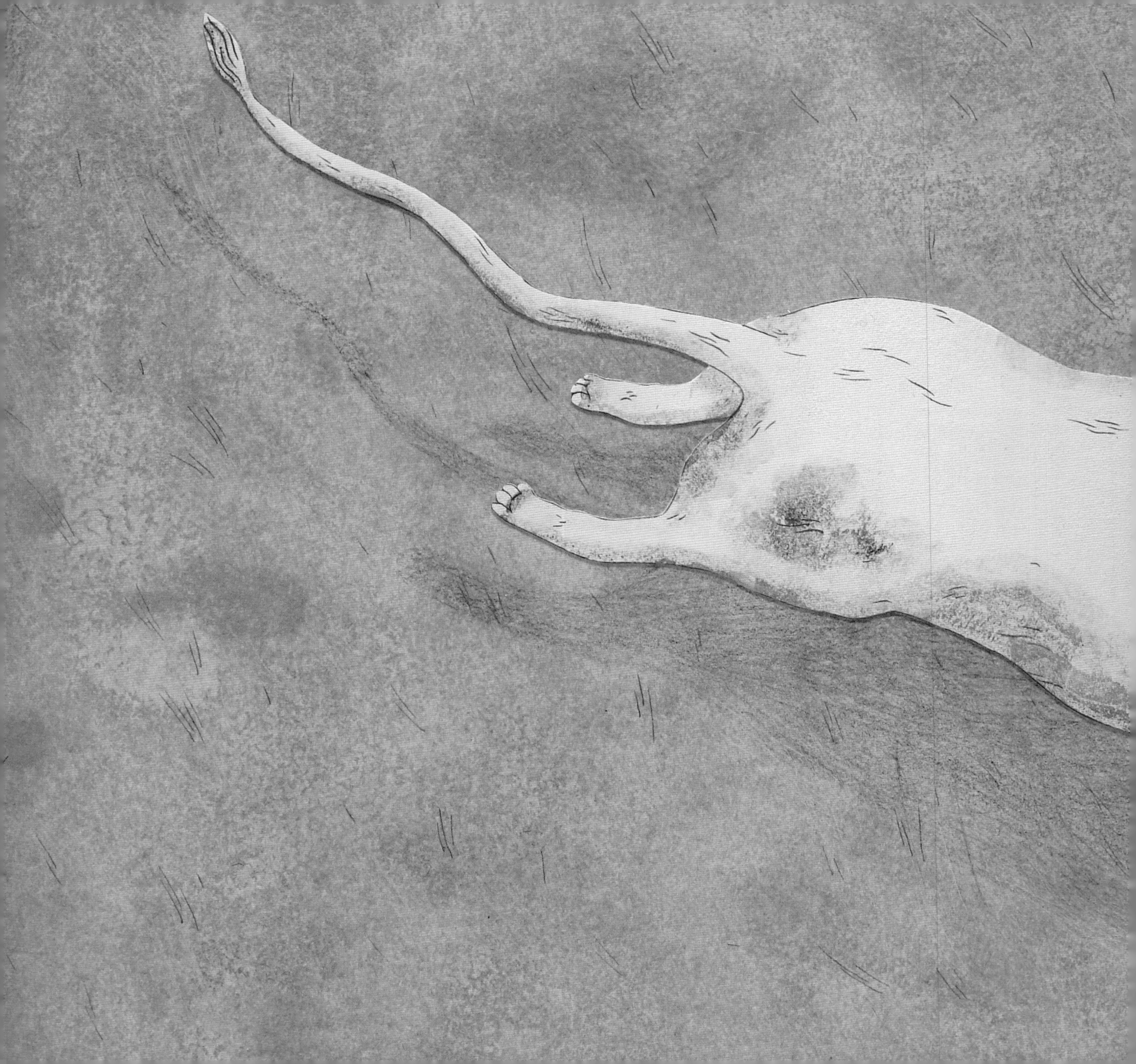

– **As-tu vu le lion ?**
demanda la grenouille.
Je lui apporte une lettre
qui sent bon l'herbe
et les fleurs fraîchement cueillies.

– **Oui !** répondit l'éléphant.
Il a bu une gorgée d'eau du lac
et m'a demandé de l'accompagner
en haut de la montagne.
Mais j'ai le vertige,
c'est pour ça que je n'y suis pas allé.
Peut-être que l'aigle pourra te renseigner.

– **As-tu vu le lion ?**
demanda la grenouille.
Je lui apporte une lettre
qui sent bon l'herbe
et les fleurs fraîchement cueillies.

L'aigle répondit depuis tout là-haut :

– **Je l'ai vu monter jusqu'à la neige, à flanc de montagne,**
mais il est tombé et il a dégringolé la pente.
Les hyènes devaient sûrement l'attendre en bas… !

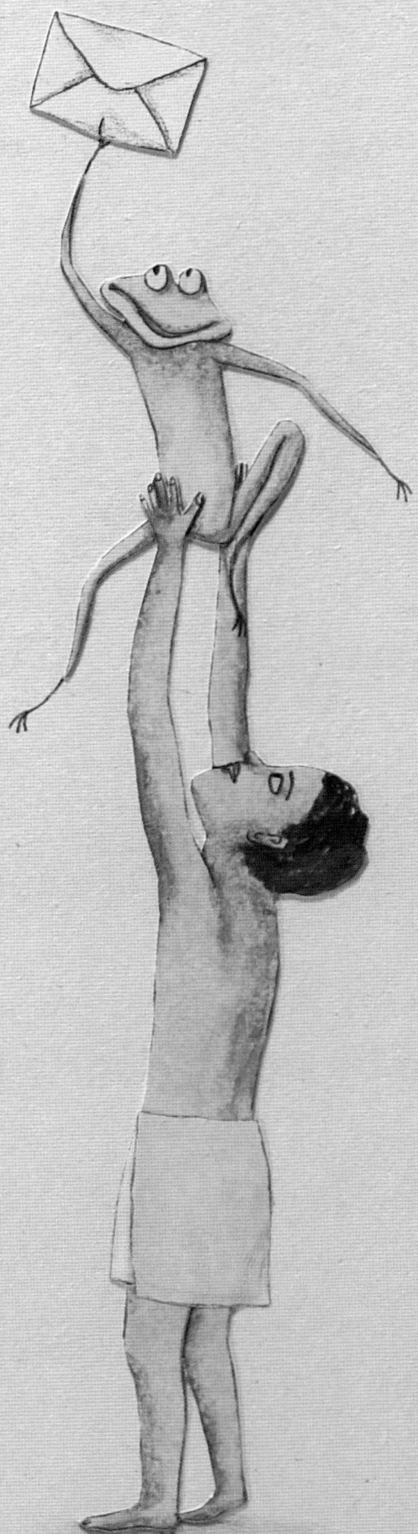

– **As-tu vu le lion ?**
demanda la grenouille.
Je lui apporte une lettre
qui sent bon l'herbe
et les fleurs fraîchement cueillies.

– **Depuis hier, on suit sa trace !** répondit la hyène.
Il court, il court, il ne chasse pas, il ne mange pas.
On dirait qu'il est poursuivi par un drôle d'insecte…
On espère qu'il se fatiguera vite, hi, hi !

– **As-tu vu le lion ?**
demanda la grenouille.
Je lui apporte une lettre qui…

– **Non ! Et je ne veux pas le voir !** répondit la souris.
Je suis trop petite pour courir après un si grand animal.
Qu'il se débrouille tout seul !

– **As-tu vu le lion ?**
demanda la grenouille.
Je lui apporte une lettre…

– **Si je l'ai vu ! Il est étendu à l'ombre des arbres !**
répondit la girafe.
Il a l'air triste et fatigué, le pauvre… !

– Allez, lion... ! dit la grenouille.
Je t'apporte cette lettre
qui sent bon l'herbe
et les fleurs fraîchement cueillies.
Ça fait des heures que je saute à ta poursuite
pour te la remettre.
Peux-tu la lire tout haut ?

– **Allez, lis !** dirent les singes.

– **Oui, lis !** répétèrent le lièvre et ses petits.

– **Oui, lis !**
firent en chœur les gazelles,
les zèbres, les éléphants, les aigles,
les hyènes, les souris
et tous les autres animaux présents.

Cher Lion,

Mon père dit que tu seras un bon mari.
Quiconque essaie de monter sur la Lune
est soit amoureux, soit fou.
Ce n'est pas la peine que tu le fasses.
Des hommes y sont arrivés il y a longtemps,
ça ne serait donc pas un exploit.
Mais, comme cette nuit c'est la pleine lune,
je voudrais que tu m'apportes un petit flacon d'eau
baignée de sa lumière.

Je t'attends.
La Lionne

– Qu'il retrouve son amour ! crièrent les singes.

– **Qu'il retrouve son amour !** répétèrent le lièvre et ses petits.

– **Qu'il retrouve son amour !** firent en chœur les gazelles, les zèbres, les éléphants, les aigles, les hyènes, les souris et tous les animaux.

Non loin d'ici, vit un couple de lions
plein d'amour et de petits !
racontait, quelque temps après, un chasseur masaï.
L'amour les a rendus sacrés
et nous n'avons pas le droit de les chasser.
Elle porte autour du cou un petit flacon avec un ruban bleu.
On dit qu'il contient de l'eau fraîche éclairée par la pleine lune,
parce que le lion, pour lui prouver son amour,
renouvelle son contenu à chaque nouveau cycle de lune.